Sagenhafte Welten

Der Trickspezialist
Ray Harryhausen

von Rolf Giesen

Ausstellung

Zusammengestellt von Rolf Giesen
in Zusammenarbeit mit Ray Harryhausen.

Die Exponate stammen aus
Harryhausens Privatsammlung.

Organisation und Realisierung:
Jürgen Berger

Organisation und Realisierung in München:
Florian Deering

Gestaltung:
projektdesign

Photos der Modelle:
Klaus Kramer

Katalog

Redaktion:
Claudia Dillmann-Kühn

Gestaltung:
projektdesign

Abbildungsnachweis:
Howard Stine (Titelgraphik),
Deutsches Filmmuseum (18), dpa (23),
Klaus Kramer (30, 33, 35, 41, 43, 44),
Ray Harryhausen (alle übrigen).

Schriftenreihe des
Deutschen Filmmuseums
Frankfurt am Main

Herausgegeben von
Hilmar Hoffmann und Walter Schobert

© 1988
ISBN 3-88799-011-0
Deutsches Filmmuseum
Schaumainkai 41
6000 Frankfurt am Main 70

Satz:
Fotosatz Strobach & Co.
Frankfurt am Main

Druck:
Druckerei Henrich
Frankfurt am Main-Schwanheim

		Inhaltsverzeichnis
Biographische Notizen: Ray Harryhausen	Seite 6	
Rolf Giesen im Gespräch mit Ray Harryhausen	Seite 16	
Das Trickverfahren „Dynamation"	Seite 46	
Filmographie	Seite 48	

„Jedesmal, wenn ich diese Szenen sehe,
frage ich mich:
Wie haben die das nur gemacht?
Wie war es möglich,
diese Geschöpfe genauso zu schaffen,
wie sie in Tausendundeiner Nacht
beschrieben sind?
Man hat mir erklärt,
das sei durch eine neue Aufnahme-
technik gelungen,
aber bitte fragen Sie mich nicht,
was das ist –
ich sitze nur da und staune."

(Kathryn Grants Kommentar im Trailer zu
SINDBADS 7. REISE)

**Biographische Notizen:
Ray Harryhausen**

Zeichnungen von Charles R. Knight. Aus seinem Buch „Before the Dawn of History".

Großen, prägenden Einfluß auf die Arbeit Ray Harryhausens übten zwei Vorlieben aus seiner Kindheit aus: Einmal galt das Interesse Harryhausens, der am 29. Juni 1920 in Los Angeles geboren wurde, schon früh den Dinosauriern. Er sah die Überreste prähistorischer Tiere in den La Brea-Teergruben im Hancock Park und besuchte das Museum of Natural History in der Nähe der University of Southern California mit seinen rekonstruierten Saurierskeletten. Dort kaufte ihm seine Mutter einen Bildband mit den denkwürdigen Saurierentwürfen von Charles R. Knight. Eine nicht minder große Rolle spielte das Kino – Filme mit Laurel & Hardy begeisterten ihn, KING KONG beeindruckte ihn tief. Es war denn auch der Riesengorilla Kong, der in Ray endgültig den Wunsch weckte, seine beiden Interessengebiete zu verbinden, Dinosaurier und Monstren zum Leben zu erwecken – auf der großen Kinoleinwand.

Stundenlang unterhielt sich Harryhausen damals mit seinem gleichaltrigen Freund Ray Bradbury, den er in der Los Angeles Science-Fiction Society kennengelernt hatte, über Dinosaurier. Mit einer geborgten 16 mm-Victor-Kamera machte er seine ersten Stop-Motion-Versuche (Trickverfahren mit Einzelbildaufnahme). Nach und nach gewannen seine einbildweise bewegten Trickpuppen glaubwürdige Gestalt: Stegosaurus, Triceratops, Agathaumus, Allosaurus, Brontosaurus, Monoclonius, Mastodon sowie ein Monster vom Jupiter. Zusätzlich belegte er am Los Angeles City College die Fächer Kunst, Anatomie, Film und Schauspiel. Besonders letzteres half ihm später bei der Entwicklung seiner Charaktere.

Harryhausens frühe Filmversuche unter Verwendung einer gestaffelten Kulissen-Anordnung, um dem Bild eine größere räumliche Tiefe zu geben.

Arbeiten an einem Modell für ANIMAL WORLD. Sichtbar sind die einzelnen Glieder der Figur, die bei der Animation die nötige Beweglichkeit ermöglichen.

Professionell arbeitete Harryhausen erstmals, als ihm der gebürtige Ungar George Pal eine Anstellung als Filmanimator gab. Pal hatte angesichts der beängstigenden politischen Situation Europa verlassen und war nach Hollywood gegangen, um dort seine PUPPETOONS und MADCAP MODELS für den Paramount-Verleih zu verwirklichen. Harryhausen hoffte, einen ambitionierten 16 mm-Farbfilm fertigzustellen, der EVOLUTION OF THE WORLD oder kurz EVOLUTION heißen sollte. Daraus wurde jedoch nichts: 1942 zog ihn die Armee ein, und er gelangte dank seiner Fähigkeiten zum Army Signal Corps, in die Abteilung von Frank Capra, wo er Kameraleuten wie Joe Valentine und Joe Biroc assistierte.

Nach dem Krieg, wieder in Los Angeles, ergatterte Ray altes 16 mm-Kodachrome-Material und drehte vier zweiminütige Puppentrickfilme: MOTHER GOOSE STORIES. In derselben Art folgten später vier Märchen, die auch heute nichts von ihrem Charme verloren haben und immer noch im Verleih sind: LITTLE RED RIDING HOOD, HANSEL AND GRETEL, RAPUNZEL und KING MIDAS.

Harryhausen im Army Signal Corps während des Zweiten Weltkrieges.

Puppentrickfilme von Harryhausen: PUPPETOONS (unten und großes Foto), MOTHER GOOSE STORIES, Szenenphotos aus THE STORY OF RAPUNZEL und aus STORY OF LITTLE RED RIDING HOOD.

Entwurf zu MIGHTY JOE YOUNG. Ray Harryhausen mit einem Modell des Riesengorilla.

Zuvor aber war ein Traum Harryhausens wahrgeworden, als ihn Willis O'Brien, Kongs technischer Schöpfer, dem er Ende der dreißiger Jahre zum ersten Mal begegnet war, 1946 als persönlichen Assistenten und Animator zur Produktionsgesellschaft RKO holte. Dort produzierte Merian C. Cooper einen neuen Gorillafilm: MIGHTY JOE YOUNG (Panik um King Kong). Auch unterstützte der nunmehr 26jährige Harryhausen O'Brien bei der Vorbereitung eines Saurierfilms mit dem Titel THE VALLEY OF THE MIST, der freilich nicht verwirklicht wurde – ein Schicksal, das vielen O'Brien-Projekten beschieden war.

Anfang der fünfziger Jahre verpflichtete Hal E. Chester, ein Produzent, der von dem jungen Mann gehört hatte, Harryhausen für ein Low-Budget-Projekt [Filmherstellung zum Niedrigpreis], dessen Titel einer Erzählung von Ray Bradbury entlehnt war: THE BEAST FROM 20,000 FATHOMS (Panik in New York) war der erste Film um eine monströse Ausgeburt der Atombombe, um einen „Rhedosaurus", der New York heimsuchte.

Gegenüberliegende Seite:
Der Rhedosaurus in THE BEAST FROM 20,000 FATHOMS.

Mit IT CAME FROM BENEATH THE SEA, in dessen Mittelpunkt ein Riesenoktopus steht, der San Francisco angreift, begann Harryhausens erfolgreiche Zusammenarbeit mit dem Produzenten Charles H. Schneer. Seitdem hat er nur zweimal für andere Produzenten gearbeitet: Mitte der fünfziger Jahre für Irwin Allen, der eine von Willis O'Brien entworfene Sauriersequenz für THE ANIMAL WORLD (Die Tierwelt ruft) umsetzen mußte, und Mitte der sechziger Jahre für Hammers Michael Carreras, der ein Remake des alten Hal-Roach-Films ONE MILLION YEARS B.C. produzierte.

Auszug aus dem Storyboard von IT CAME FROM BENEATH THE SEA.

Modell aus MYSTERIOUS ISLAND

Nach zwei weiteren Schwarzweiß-Filmen, EARTH VS. THE FLYING SAUCERS (Fliegende Untertassen greifen an) und 20 MILLION MILES TO EARTH (Die Bestie aus dem Weltenraum), drehte das Team Harryhausen-Schneer nach Motiven aus 1001 Nacht in Spanien seinen ersten Farbfilm: THE 7TH VOYAGE OF SINBAD (Sindbads 7. Reise) wurde 1958 ein unerwarteter Kassenerfolg für Columbia Pictures.

Ein Jahr später, als sie THE 3 WORLDS OF GULLIVER (Herr der drei Welten) nach dem Roman von Jonathan Swift planten, entschieden sich die beiden, ihr Produktionsdomizil endgültig nach Europa, nach London, zu verlegen, wo ein neues Travelling-Matte-Verfahren (Sodium backing) für Trickkombinationen auf Farbfilm zur Verfügung stand. Sie integrierten Riesentiere in den 1960–61 entstandenen Film MYSTERIOUS ISLAND (Die geheimnisvolle Insel) nach Jules Verne; sie ergänzten das fechtende Skelett aus THE 7TH VOYAGE OF SINBAD in JASON AND THE ARGONAUTS (Jason und die Argonauten) durch sechs weitere und schufen damit die komplizierteste Einzelsequenz in der Geschichte der Stop-Motion-Technik. Ihnen gelang mit FIRST MEN IN THE MOON (Die erste Fahrt zum Mond) ein reizvoll viktorianisches Raumfahrtepos nach H. G. Wells, und sie brachten Saurier aus Willis O'Briens Erbe auf die Leinwand in THE VALLEY OF GWANGI (Gwangis Rache).

Skelettszene aus JASON AND THE ARGONAUTS.
Bewegungsstudien und Zeichnung zu THE 7TH VOYAGE OF SINBAD.

Festlegung der Proportionen für SINBAD AND THE EYE OF THE TIGER.

Gegenüberliegende Seite: Harryhausen bewegt millimetergenau das Modell des Seeungeheuers bei den Dreharbeiten zu CLASH OF THE TITANS.

In den siebziger Jahren kehrten Harryhausen und Schneer dann in die Fabelwelt von 1001 Nacht zurück: mit THE GOLDEN VOYAGE OF SINBAD (Sindbads gefährliche Abenteuer) und SINBAD AND THE EYE OF THE TIGER (Sindbad und das Auge des Tigers). Ihre letzte (und mit einem 16 Millionen Dollar Budget) aufwendigste Produktion kam 1981 in die Kinos: CLASH OF THE TITANS (Kampf der Titanen), wie der Jason-Film ein Ausflug in die griechische Sagenwelt.

Ray Harryhausen lebt mit seiner Frau Diana, einer direkten Nachfahrin des legendären Afrikaforschers Livingstone, in London, wo er sich hauptsächlich der Herstellung von Bronzeskulpturen widmet, die primär Motiven seiner Filme nachempfunden sind. Er ist Autor eines „Film Fantasy Scrapbook" und plant ein weiteres Buch über die Quellen seiner Arbeit, ihren mythologischen Kontext.

Rolf Giesen im Gespräch mit Ray Harryhausen

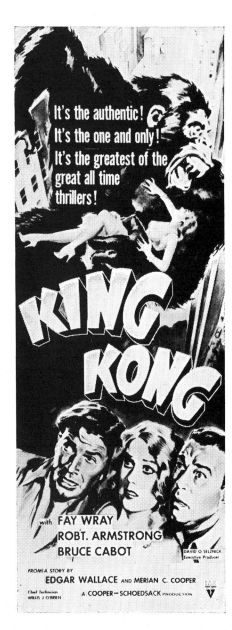

R. G.: Begonnen hat bei Dir alles nicht mit Eva, sondern mit Kong.

R. H.: Ich habe KING KONG 1933 gesehen. Unschuldig bin ich in Grauman's Chinese Theatre in Hollywood gewandert, um mir den Film anzusehen, und seitdem bin ich nicht mehr derselbe. Die Vorführung hat mein Leben total verändert. Es hat Monate, Jahre gedauert, bis ich herausgefunden hatte, wie KING KONG wirklich gemacht wurde. Die ganze Sache reizte mich, es wurde ein Hobby daraus und schließlich mein Beruf.

Die Premiere von KING KONG muß eine große Show gewesen sein.

Natürlich. Das Chinese und das Egyptian Theatre waren zwei sehr wichtige Kinos in Hollywood. Dort gab es stets Vorauf-führungen der Top-Filme. Sid Grauman, der die Theater gebaut hat, war ein großer Showman. Vor KING KONG hatte er einen Prolog im Dschungel: Trommeln, Akrobaten und Trapezkünstler, alle entsprechend kostümiert. Das war enorm beeindruckend. Hat fast eine Stunde gedauert, bevor der Film anfing. Dann öffnete sich der Vorhang, und Max Steiners großartiges Crescendo war zu hören. Bevor man ins Kino kam, mußte man durch einen Vorhof, wo die Fußabdrücke berühmter Stars sind – und in diesem Vorhof hatten sie die große Büste, die in KING KONG eingesetzt war, aufgestellt: Das Maul bewegte sich, die Augen rollten, die Nüstern blähten sich. Unter der Büste stakste eine Gruppe rosa Flamingos durch die Dschungelszenerie. Es war schon ein ungeheurer Anblick, besonders für 1933. Etwas, das ich nie vergessen werde. Womit bewiesen wäre, daß ein Film ein ganzes Leben verändern kann.

Entwurf von Willis O'Brien aus KING KONG.

Zeitgenössische Werbeanzeige zu KING KONG.

Gegenüberliegende Seite: Der Auftritt des Riesengorillas im Film.

Welche Filme, außer KING KONG, haben Dich damals noch beeinflußt?

Da waren eine Menge Filme. Einen sehr frühen Eindruck hinterließ natürlich THE LOST WORLD, die stumme Version. Dann METROPOLIS und andere ausländische Filme, an deren Titel ich mich nicht mehr erinnern kann. Später SHE und THE LAST DAYS OF POMPEII, die Merian Cooper produzierte. [In anderen Gesprächen nannte Harryhausen noch DER GOLEM, DRACULA, FRANKENSTEIN, THE BRIDE OF FRANKENSTEIN, DR. JEKYLL AND MR. HYDE, THE MOST DANGEROUS GAME, DELUGE]. Auch Merian Cooper war ein Super-Showman. Er wußte, wie man ein Spektakel inszenierte, wie man große Aktion entwickelte und ein Drama aufbaute, Fähigkeiten, die er als Produzent von KING KONG genügend unter Beweis stellte. Ich bin heilfroh, daß mich nicht Edward G. Robinson mit LITTLE CAESAR in seinen Bann gezogen hat, sonst wäre ich vielleicht ein zweiter Pate geworden.

Von Harryhausen genannte Vorbilder: METROPOLIS (1925/26) von Fritz Lang, DER GOLEM – WIE ER IN DIE WELT KAM (1920) von Paul Wegener, SHE (1935) und THE LOST WORLD (1925).

Von Harryhausen bewundert:
Willis O'Brien und zwei seiner Entwürfe.

Bei MIGHTY JOE YOUNG hast Du mit Willis O'Brien, KING KONGs technischem Schöpfer, und Merian C. Cooper zusammengearbeitet.

Sie waren in vielfältiger Weise meine Mentoren – besonders Willis O'Brien, seit ich herausgefunden hatte, wer für die technische Seite von Kong verantwortlich gewesen war.

Wie hast Du es herausgefunden?

Indem ich die Programmhefte durchlas, Magazine, Popular Mechanics – und da tauchte immer wieder der Name Willis O'Brien auf.

Erstaunlich, daß zu einer Zeit, da sich die Leute allenfalls, wenn überhaupt, für Regisseure als Sparte hinter der Kamera interessierten, jemand technische Credits studierte.

KING KONG war immerhin ein sehr technischer Film. Dann gab es auch noch Ausstellungen, die Willis O'Brien gewidmet waren. So ragte sein Name schon heraus. Auch Merian C. Cooper erhielt als Produzent des Films einen Gutteil Publicity. Es war sehr aufregend, mit beiden zusammenzuarbeiten, gemeinsam mit dem Regisseur Ernest Schoedsack.

Willis O'Brien bist Du das erste Mal begegnet, als er an einem Filmprojekt mit dem Titel WAR EAGLES arbeitete, das unrealisiert blieb. Erinnerst Du Dich an das Projekt, dessen Protagonisten Wikinger waren, die tief drunten in einem Phantasieland am Nordpol lebten und auf ihren riesigen Kriegsadlern New York vor dem Angriff einer teutonischen Luftschiff-Armada retteten?

Ich habe Willis O'Brien damals angerufen, ihm von meinem Interesse an Modellanimation erzählt und ihn gefragt, ob ich ihm einige meiner Modelle zeigen könne. Er war so freundlich, mich ins Studio einzuladen. Ich ging also zu MGM und wurde in sein Büro geführt. Er hatte drei Räume voll Artwork: Gemälde und Zeichnungen. Ich war überwältigt. Es müssen ungefähr 200 Zeichnungen und Gemälde für das Projekt WAR EAGLES gewesen sein. Äußerst eindrucksvoll.

Entwurf von Ray Harryhausen für das nicht realisierte Willis O'Brien-Projekt VALLEY OF THE MIST.

Herrliche Entwürfe, beispielsweise von Riesenadlern, die auf dem Strahlenkranz der Freiheitsstatue hockten, und von Luftschiffen, die von den Adlern, auf deren Rücken Männer saßen, umkreist wurden. Fantasy pur. Ein in höchstem Maß erregendes Projekt. Unglücklicherweise scheint nichts davon übriggeblieben zu sein. Es ist leicht möglich, daß alles verbrannt worden ist, nachdem das Projekt zu Beginn des Krieges gestoppt worden war.

Überhaupt erblickten die meisten von O'Briens Projekten nicht das Licht der Kamera: CREATION, VALLEY OF THE MIST, KING KONG VS. FRANKENSTEIN, während Du das Glück hattest, viele Deiner Träume realisiert zu sehen. Woran lag das? Waren O'Briens Projekte zu teuer?

Skizze zu MIGHTY JOE YOUNG, einbildweise Modellanimation und Aufnahme, Szenenphoto aus dem Film.

Seine Projekte waren sehr zeitaufwendig und teuer. Es wäre heute sicher nicht mehr möglich, KING KONG so zu machen, wie er das getan hat, jedenfalls nicht ohne immense Produktionskosten. Er hatte überaus komplizierte Aufnahmen mit Glasgemälden. Stets war er darauf aus, den großen Film zu machen und wartete auf das große Projekt. Auf diese Weise blieben viele seiner Projekte natürlich unrealisiert, und wenn sie verwirklicht wurden, dann nur in großen Zeitabständen. Ich weiß nicht, wie er die Spannung aushielt, ob ein Film nun realisiert würde oder nicht. Man kann niemals mit Bestimmtheit sagen, ob ein Filmprojekt, an dem man arbeitet, auch wirklich das Produktionsstadium erreichen wird. Das ist eines der großen Probleme beim Filmemachen. OBie [O'Brien] kam in die schreckliche Situation, daß GWANGI zusammenbrach wegen des Krieges ebenso wie WAR EAGLES. Sein Produzent, Merian Cooper, war zur Armee gegangen und diente als General. FRANKENSTEIN, ein Projekt, das OBie gegen Ende der Stummfilmzeit hatte realisieren wollen, scheiterte ebenso wie eine Abenteuergeschichte vom versunkenen Atlantis. Geradezu verschwenderisch illustrierte er eine Idee LAST OF THE LABYRINTHODONS. Aus alldem wurde nichts.

Ich habe zum Beispiel auch eine Reihe wunderbarer Farbentwürfe bei ihm gesehen, auf denen ein gewaltiger Pelikan Lum & Abner, ein Comedyteam jener Zeit, als Passagiere im Schnabel hatte, nachdem derselbe Vorschlag bereits mit den Marx Brothers gescheitert war. Großartige, aufregende Projekte. So hatte ich wirklich Glück, mit THE BEAST FROM 20,000 FATHOMS einen Weg gefunden zu haben, Fantasythemen dieser Art für wenig Geld zu realisieren. Ich spürte, daß es nach MIGHTY JOE YOUNG eine Grenze gab, wieviel Produzenten für Filme wie diese auszugeben gewillt waren. Also entwickelte ich eine sehr preiswerte Methode, Backgroundszenen mit Modellen zu kombinieren, die ich wie ein Sandwich in den [rückprojizierten] Hintergrund einfügte. Ich behielt dann diese Technik bei und verbesserte sie kontinuierlich. Auf diese Weise wurde es möglich, derartige Filme schneller und billiger herzustellen, ohne die zeitraubende Mitwirkung von Glasmalern etc.

Mit den Modellaufnahmen von MIGHTY JOE YOUNG waren 40 Leute ein ganzes Jahr beschäftigt – natürlich ist das nichts gegen heute, wo man mitunter in den Credits 87 Namen zählt, die die Arbeit leisten, die OBie und ich mit 40 Mitarbeitern erledigt haben. Auch hatten wir bei MIGHTY JOE YOUNG noch das Problem, daß die allgemeinen Betriebskosten des Studios uns aufgehalst wurden, weil wir eine Zeitlang die einzige Produktion waren, die bei RKO lief. Und weil die Kosten aller Departments uns aufgebürdet wurden, sah es zum Schluß so aus, als hätte der ganze Film mehr als zwei Millionen Dollar gekostet, was natürlich nicht stimmt. Aber genau das schreckte danach viele Investoren ab, weil sie diesen Typ Film grundsätzlich für zu teuer hielten. Tatsächlich hätte MIGHTY JOE YOUNG sonst nur 1,5 bis 1,8 Millionen gekostet. Das war sehr unfair gegenüber OBie und Merian Cooper, weil es für beide hinterher schwer war, neue Projekte auf die Beine zu stellen.

Die Angst vor der Atombombe und den Außerirdischen ventilierten Filme der fünfziger Jahre: THE BEAST FROM 20,000 FATHOMS handelt von einem Rhedosaurus, den Atombombenversuche geweckt haben.

Bist Du persönlich ökonomisch sehr bewußt?

O ja! Ich glaube, man sollte alles so vernünftig wie nur möglich machen. Ich glaube nicht, daß es sinnvoll ist, große Summen aus dem Fenster zu werfen für einen Effekt, der auf der Leinwand letztlich nur zwanzig Sekunden dauert. Oder zehn Sekunden. So versuchte ich einen Weg zu finden, Filme dieser Art mit einem vernünftigen Budget zu machen, ohne daß das Ganze billig wirkte.

THE BEAST FROM 20,000 FATHOMS startete einen Zyklus von Filmen, in denen Monstren durch Atombombenversuche geweckt oder gezeugt werden.

Das stimmt. Die Japaner haben etwas später ihren GODZILLA nach praktisch demselben Konzept gedreht. In Amerika gab es THEM! und andere Streifen, die vor der Urgewalt der Atombombe warnten, eine ganze Gruppe von Filmen, in denen unterbewußte Ängste vor dem beschworen wurden, was daraus erwachsen könnte. Die Monstren fungierten nur als Personifaktion des Horrors, den die Atombombe über die zivilisierte Welt bringen könnte.

„Freunde aus dem Weltall" fangen Atombomben auf

10 000 sahen »fliegende Untertasse«

Fußballspiel in Florenz unterbrochen / Rätselh...

Neue Untertasse über den USA

„Keine Meteor heute abend" — Laute Explosion zum Abschied

Gibt es „Fliegende Untertassen"?

Amerikanischer Abwehrchef kommt zu keinem Ergebnis

Auch Du hast in dem von Dir begonnenen Zyklus weitergemacht und eine langjährige Partnerschaft mit dem damals für Columbia tätigen Produzenten Charles H. Schneer begonnen.

Charles hatte THE BEAST FROM 20,000 FATHOMS gesehen. Ein Freund von mir, mit dem ich in der Armee war, rief mich an, er habe da einen Produzenten, der San Franciscos Golden Gate Bridge in einem Film zerstören wolle, und brachte mich mit Charles zusammen. Die Idee hörte sich interessant an – nicht zuletzt dank eines Riesenoktopus, der das Grauen bewerkstelligen sollte. Ansonsten war IT CAME FROM BENEATH THE SEA eine Variation des Grundthemas von THE BEAST mit dem leichten Unterschied, daß hier ein Atomtest unter Wasser stattfand, was dazu führte, daß besagter Oktopus zu enormer Größe anschwoll, nach San Francisco drang und dort, neben anderen scheußlichen Taten, die Golden Gate Bridge niederriß.

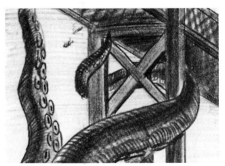

Ökonomisch veranlagt, wie Du bist, hast Du die Zahl seiner Tentakel verringert.

Kraken haben ja bekanntlich acht Tentakel, aber wir dachten, wenn er weniger hätte, würde das Kosten, Zeit und Konstruktionsarbeit sparen. So hatte dieser Oktopus nur sechs Tentakel, und niemand hat es gemerkt, bis es jemand veröffentlichte.

Jemand?

Jemand namens Forry Ackerman [Forrest J Ackerman war viele Jahre lang Chefredakteur des Magazins „Famous Monsters of Filmland"]. Ich hab da mal unvorsichtig ein wenig zu viel aus dem Nähkästchen geplaudert, und seitdem verfolgt es mich.

Charlotte Knight mit dem nur sechsarmigen Krakenmodell aus IT CAME FROM BENEATH THE SEA.

Auszug aus dem Storyboard des Films.

Gegenüberliegende Seite: Die Riesenkrake reißt die Golden Gate Bridge ein. Szenenphoto aus IT CAME FROM BENEATH THE SEA.

Photomontage: Ray Harryhausen und sein langjähriger Produzent Charles H. Schneer auf einer Kinoleinwand.

Entwürfe Ray Harryhausens zu den unrealisierten Filmen THE GIANT YMIR und FOOD OF THE GODS.

Welches sind die besonderen Qualitäten von Charles Schneer?

Er ist ein Produzent, der es vorzieht, das Geld, das er in einen Film steckt, auch auf der Leinwand zu sehen. Er achtet sehr auf das Budget. Das ist der Grund, warum wir so lange im Geschäft blieben. Wieviele Filme gab es in den vergangenen zwanzig Jahren, die am Ende viermal teurer waren als ursprünglich veranschlagt! Der Animation begegnet Charles mit Einfallsreichtum und großer Wertschätzung. Wir haben sehr harmonisch zusammengearbeitet, auch wenn wir bisweilen ziemliche Meinungsverschiedenheiten hatten, die aber immer beigelegt wurden.

Mit einem Deiner nächsten Filme, 20 MILLION MILES TO EARTH, hast Du Dich europäischen Drehplätzen, in diesem Fall Italien, zugewendet und Dich dabei schon auf THE 7TH VOYAGE OF SINBAD vorbereitet, dessen Außenaufnahmen Du in Spanien gedreht hast.

Den Sindbad-Film wollte ich schon nach MIGHTY JOE YOUNG machen. Ich illustrierte damals zwei Projekte: Eins war WAR OF THE WORLDS, das andere THE 7TH VOYAGE OF SINBAD. Aber niemand zeigte Interesse. WAR OF THE WORLDS lag eine Zeitlang als Projekt bei Jesse Lasky. Ganz zu Anfang habe ich meine Entwürfe auch George Pal gezeigt. Als aber nichts dabei herauskam, packte ich die Zeichnungen weg und ordnete sie unter Filmmöglichkeiten ein. Ebenso THE 7TH VOYAGE. Ein anderes Sujet, das ich vorbereitete, nannte sich THE ELEMENTALS. Das Exposé verkaufte ich an Jack Dietz, den Produzenten von THE BEAST FROM 20,000 FATHOMS. Er war sehr angetan davon und beauftragte gleich mehrere Drehbuchautoren, aber wir waren mit dem Ergebnis nicht zufrieden. Außerdem war Dietz nicht in der Lage, das nötige Geld für das Projekt aufzutreiben.

THE ELEMENTALS sollte in Paris spielen und den Eiffelturm einbeziehen, weil ich noch nie in Europa gewesen war und mir auf diesem Wege die Reise ermöglichen wollte. Aber zu der Zeit wurde noch nichts daraus. Dazu verhalf mir erst eine andere Story: THE GIANT YMIR. Meine ersten Entwürfe für dieses Projekt habe ich später ziemlich verändert. Charlotte Knight, eine Freundin, schrieb das Treatment. Ich illustrierte es und arbeitete mit ihr am Skript. Aber es gelang uns damals nicht, jemanden dafür zu interessieren. THE GIANT YMIR spielte übrigens in Rom, weil ich unbedingt auch Rom besuchen wollte. Die Idee landete unter der Rubrik Filmmöglichkeiten.

Storyboard für das unrealisierte Projekt WAR OF THE WORLDS.

Szenenphoto aus EARTH VS. THE FLYING SAUCERS.

Entwurf und Filmszene aus 20 MILLION MILES TO EARTH.

Gegenüberliegende Seite: Entwurf Ray Harryhausens zu EARTH VS. THE FLYING SAUCERS.

Zurück zu Charles Schneer: Nach IT CAME FROM BENEATH THE SEA drehten wir EARTH VS. THE FLYING SAUCERS, den Charles angesichts all der Schlagzeilen zum Thema Fliegende Untertassen entwickelte. Damals gab es kaum eine andere Möglichkeit, als aus den Wesen in den Untertassen Bösewichter zu machen. Das, was man später in CLOSE ENCOUNTERS versuchte, war seinerzeit so gut wie ausgeschlossen, weil sich niemand für eine solche Konzeption interessierte. Rückblickend betrachtet war EARTH VS. THE FLYING SAUCERS eines dieser Klischee-Konzepte, die auf H. G. Wells' Formel zurückgingen, jede Kreatur aus dem Weltall habe aggressiv zu sein.

Nach diesem Film holte ich auf der Suche nach einem neuen Projekt meine Entwürfe für THE GIANT YMIR aus dem Schrank. Charles war beeindruckt, ein Drehbuchautor überarbeitete unser Treatment, und ich ergänzte es durch neue Illustrationen. Aus THE GIANT YMIR wurde 20 MILLION MILES TO EARTH. Endlich wurde mein Traum wahr: Es ging nach Europa, nach Rom, wo alle Second-Unit-Aufnahmen [Dreharbeiten des zweiten Filmteams, besonders Außenaufnahmen] für den Film gedreht wurden. Dann kehrten wir nach Hollywood zurück, verpflichteten einen Regisseur und nahmen die restliche Produktion in Angriff. Charles hatte sich inzwischen von Sam Katzman, der Columbias B-Film-Abteilung leitete, getrennt und seine eigene Filmfirma, Morningside Productions, gegründet. 20 MILLION MILES TO EARTH war sein erster Film als unabhängiger Produzent.

Dann kam THE 7TH VOYAGE OF SINBAD. Natürlich konnten wir eine Geschichte aus 1001 Nacht nicht in Schwarzweiß verfilmen, so etwas mußte in Farbe gedreht werden, wobei allerdings das Dupmaterial [Kopie des Originalnegativs], mit dem ich notwendigerweise bei den Effekten arbeiten mußte, eine Menge Probleme mit sich brachte. Doch trotz aller technischen Schwierigkeiten gelang es uns, den Film für weniger als eine Million Dollar zu realisieren. Ich glaube, es waren 650 000 Dollar. Für einen Film dieser Art echtes Low-Budget. Für eine Verfilmung von 1001 Nacht! Zum Glück bekamen wir einige herrliche Kostüme von Columbia, die von einem abgesetzten Projekt mit Rita Hayworth übriggeblieben waren. Wenn ich mich nicht irre, handelte es sich um JOSEPH AND HIS BRETHREN. Wir waren nebenbei eine der ersten US-Produktionsfirmen, die in Spanien drehten. Wir hatten vier oder fünf Wochen Zeit für die Außenaufnahmen. Sechs Monate später kamen die Studioaufnahmen dran. Und dann hatte ich noch weitere vier oder fünf Monate Zeit für die Animation.

Für viele junge Leute meiner Altersgruppe war THE 7TH VOYAGE OF SINBAD eine Inspiration, ähnlich wie für Dich KING

KONG. John Landis zählt dazu. Was machte diesen Film so einzigartig?

Ich weiß es nicht. In THE 7TH VOYAGE OF SINBAD habe ich versucht, Dinge auf die Leinwand zu bringen, wie man sie vorher nicht gesehen hat. Douglas Fairbanks jr. machte einen Sindbad-Film, Dale Robertson drehte einen für Howard Hughes, der eine reine Mädchen-Show wurde. Darin wurden all die Wunder erwähnt – Vogel Roch und Zyklop beispielsweise –, nur im Bild zu sehen waren sie nicht. Dasselbe gilt für den ersten THIEF OF BAGDAD mit Douglas Fairbanks sen. Gut, sie hatten einen fliegenden Teppich und ein paar Spezialeffekt-Sequenzen, aber nichts, was wirklich die phantastische Welt von 1001 Nacht wiedergab.

Entwurf und Szenenphoto aus THE 7TH VOYAGE OF SINBAD. Ray Harryhausen bei der Modellanimation während der Dreharbeiten zu dem Film.

Gegenüberliegende Seite: Der Zyklop aus THE 7TH VOYAGE OF SINBAD im Film und als Modell (links).

Kerwin Mathews als Sindbad und Kathryn Grant als Prinzessin Parisa in THE 7TH VOYAGE OF SINBAD, Szenenphotos aus dem Film.

In THE 7TH VOYAGE OF SINBAD wollten wir dagegen die Märchenwelt so lebendig wie möglich auf der Leinwand darstellen. Ich hatte das Projekt mehreren Produzenten vorgelegt: Edward Small, George Pal hatte es, Jesse Lasky, ich glaube, ich habe es auch Merian Cooper gezeigt. Aber niemand war ernsthaft interessiert. Später kramte ich es bei einem Treffen mit Charles Schneer wieder heraus. Er war sehr angetan. Ich nahm also einige Änderungen vor, damit die Produktion weniger aufwendig würde. Dann schickte mich Charles nach Spanien, wo ich die Drehplätze suchte. Als das erledigt war, kam er selbst mit wichtigen Mitgliedern des Teams. Aus England reisten Wilkie Cooper als Chefkameramann und einige Techniker an, und wir komplettierten die Crew mit spanischen Mitarbeitern. THE 7TH VOYAGE OF SINBAD war damals einer der größten Kassenerfolge von Columbia Pictures.

Ungewöhnlich bereichert wurde der Film durch die phantastische Filmmusik von Bernard Herrmann.

Darüber war ich sehr froh. Gleich zu Beginn der Produktion sagte ich Charles, wir brauchten unbedingt einen guten Komponisten, jemanden, der dem Film gibt, was er verdient – eine wirklich wertvolle Filmmusik. Charles kannte Bernie Herrmann und sprach mit ihm. Bernie kam vorbei und sah sich den Rohschnitt an. Er schien den Film wenigstens so zu mögen, daß er ihn nicht ablehnte. Er hat viele Filmangebote abgelehnt. Er meinte, etwas für den Film tun zu können, und ich meine, er hat für THE 7TH VOYAGE eine außergewöhnliche Filmmusik komponiert.

Als Plus für den Film erwies sich auch Technicolor.

Die Farbe war sehr wichtig. Wenn ich den Film heute noch einmal auf einer großen Leinwand sehe, scheint mir das Filmmaterial zwar ziemlich körnig zu sein, aber ich glaube nicht, daß Leute vornehmlich ins Kino gehen, um technische Perfektion zu sehen, vielmehr wollen sie von einer Geschichte mitgerissen werden.

Unvergessen bleibt auch Torin Thatchers schauspielerische Präsenz als Zauberer Sokurah.

Oh, Torin! Er hatte viel Bühnenerfahrung und gab der Rolle, was sie verlangte. Auch Kerwin [Mathews] als Sindbad war überzeugend. Er bot eine andere Verkörperung der Rolle als Douglas Fairbanks jr. Und wir hatten Kathy Grant, die dem Film sehr viel Charme verlieh.

Sowie zwei ausgezeichnete Stop-Motion-Charaktere: den feuerspeienden Drachen und vor allem den gehörnten Zyklopen.

Ja, an den Zyklopen scheinen sich die meisten zu erinnern, und auch der Drache war ziemlich einzigartig auf der Leinwand. So etwas hatte man bis dahin noch nicht gesehen.

Welche Deiner Modelle würdest Du, vom Standpunkt der Charakteranimation, als die denkwürdigsten bezeichnen?

Sie alle haben ihre eigene Persönlichkeit. Der Ymir hatte Charakter, die Leute erinnern sich an ihn. Der Zyklop war eine sehr dynamische Erscheinung. Trog in SINBAD AND THE EYE OF THE TIGER. Ich weiß nicht, ob die Zuschauer dachten, er sei ein Mann in einem Monsterkostüm. Dabei war er eine animierte Figur, die individuelle Charakteristika hatte und auf der Leinwand sehr eindrucksvoll wirkte.

Szene aus SINBAD AND THE EYE OF THE TIGER und Modell des Trog (links).

Ray Harryhausen demonstriert die Beweglichkeit eines Modells aus ONE MILLION YEARS B.C.

Sogar THE BEAST FROM 20,000 FATHOMS.

Ja, dem Beast wird zum Schluß eine Menge Sympathie zuteil, sozusagen als Opfer der Umstände. Selbst dem Tyrannosaurus Gwangi aus THE VALLEY OF GWANGI wird eine gewisse Sympathie entgegengebracht. Es ist schwer, einem Reptil sympathische Züge zu geben. Bei einem Gorilla geht es leichter, weil er menschlicher wirkt, aber bei einer Echse oder einem Tier, auf das Menschen mit Abscheu reagieren, ist es sehr schwierig.

Du hast die Neigung, Dich an sehr komplizierte Animationssequenzen zu wagen: das Duell mit dem Skelett in 7TH VOYAGE, die sieben Skelette aus JASON AND THE ARGONAUTS.

Das waren echte Meilensteine, weil etwas derartiges noch nie gemacht worden war.

Eine Herausforderung für Dich?

O ja! Ich habe mir die Szenen in Gedanken ausgemalt und in mich hineingehorcht, ob ich sie überzeugend umsetzen könne. Es war eine große Befriedigung für mich, daß es auf der Leinwand sogar noch besser herauskam, als ich es mir vorgestellt hatte.

Die Köpfe der Hydra . . .

Das gilt auch für die Hydra. Sie hatte sieben Köpfe, und es war eine Herausforderung, sie alle in einer gewissen Harmonie zu bewegen. Eine Kreatur mit einer Vielzahl von Köpfen ist so exzentrisch, daß sie leicht lächerlich wirkt, wenn man nicht Obacht gibt.

Durch genaue Animation geschaffene Ausdruckspalette des Tyrannosaurus' in THE VALLEY OF GWANGI.

Szenenphoto mit der komplizierten Skleletlszene aus JASON AND THE ARGONAUTS.

Gegenüberliegende Seite: Harryhausens Entwurf zu der Szene.

Wie kannst Du Dich bei so komplizierten Sequenzen nach jeder einzelnen Aufnahme an den Bewegungsvorgang erinnern?

Das hat man im Blut, wenn man so viel davon gemacht hat.

Gab es nicht auch mal Pannen bei der Animation, daß Du wirklich einmal eine Bewegung vergessen hast oder neu aufnehmen mußtest?

Oft genug, nicht daß ich was vergessen hätte, aber mitten in der Aufnahme brach schon mal einer Figur das Bein oder ähnliches. Manchmal kann man dann, nachdem der Schaden repariert ist, weitermachen, wo man aufgehört hat, wenn man die Position der Figur registriert hat, aber meistens muß man die Szene von vorn beginnen.

Du hast einmal gesagt, Dein persönlicher Favorit sei JASON AND THE ARGONAUTS.

Ich denke, er ist von größtem Bestand. Es gibt immer Szenen, deren man sich schämt, angesichts derer man sich wünscht: Hättest du dir doch nur etwas mehr Zeit genommen. Aber wir arbeiteten eben mit einem bestimmten Budget und unter Zeitdruck. Bei einem großen Budget kann man sich erlauben, die Aufnahme so lange zu probieren, bis sie in Ordnung ist. Wir hatten jedoch nie die Chance, und in neun von zehn Fällen ist es der erste Take [die erste Aufnahme, „Klappe"], den wir nehmen, weil wir einfach nicht die Zeit und das Geld haben, die Szene noch einmal aufzunehmen. Alles in allem hatten wir vielleicht weniger als acht Prozent Wiederholungen von Aufnahmen, wenn die Animation ruckartig war, die Maske [Abdeckung eines Teils des Bildfeldes] nicht richtig saß oder es Probleme mit dem Bildstand gab. Manchmal zwingen einen die Umstände, sich mit Ergebnissen zufriedenzugeben, die man normalerweise nicht durchgehen lassen würde. Es gibt Leute, die keine Kompromisse eingehen, aber ich meine, wenn man in diesem Geschäft ist, muß man zu Kompromissen bereit sein.

Mitte der sechziger Jahre hast Du zwei Dinosaurier-Filme hintereinander gemacht. Der eine, ONE MILLION YEARS B. C., war ein Kassenschlager, der andere, THE VALLEY OF GWANGI (nach Willis O'Briens Originalstory), war an der Kinokasse ein Flop. Was ist geschehen?

ONE MILLION YEARS B. C. war ein interessantes Projekt. Eine Hammer-Produktion, die, gut ausgewertet, ein großer Erfolg wurde. Als Charles und ich GWANGI in Angriff nahmen, wurde das Projekt vom damaligen Management des Verleihs, Warner Bros., gebilligt, aber als wir den Streifen zwei Jahre später im Kasten hatten, hatte es einen Machtwechsel gegeben – und die neue Firmenleitung ist häufig nicht mit den Projekten der Vorgänger einverstanden. Sie hatten kein Interesse an GWANGI und warfen den Film einfach so auf den Markt, ohne große Werbekampagne.

Es war eine Schande, denn der Streifen hatte viele unterhaltsame Elemente: Cowboys, damals noch sehr populär, also Western, und natürlich Dinosaurier, die meisten Kinder mögen sie. Aber niemand fiel auf, daß der Film überhaupt lief. Die Schwägerin meiner Frau wohnte gleich neben dem Kino und wußte doch nicht, daß der Film dort gespielt wurde. Die Publicity war schrecklich, und dann lief der Film im Doppelprogramm auch noch als *zweiter* Film. Die meisten Leute, die GWANGI sehen, mögen ihn und finden ihn sehr unterhaltsam. Er hatte einen sehr guten Soundtrack von Jerome Moross.

Zeichnungen aus dem Comic „The Valley of Gwangi".

Gegenüberliegende Seite: Szene aus ONE MILLION YEARS B.C.

War dies das erste Mal, daß Du am eigenen Leib gespürt hast, daß sich die Filmindustrie unangenehm verändert?

Nein, nicht das erste Mal. Ich habe es schon vorher erfahren. Es gab das Problem des Blockbuchens, und man hatte Schwierigkeiten, wenn man einen Film in Europa gedreht hatte, denn der lief dann automatisch als Nummer zwei nach einem amerikanischen Film. Es war schon entmutigend, mehrere Jahre Arbeit in ein Projekt investiert zu haben und dann zu sehen, wie es nur die zweite Geige spielt im Anschluß an irgendeinen amerikanischen Cowboyfilm. Probleme wie diese hatte man die ganze Zeit. MYSTERIOUS ISLAND war ein aufregender Film – und lief im Doppelprogramm mit irgendeinem Hammer-Film. Ich glaube, es war THE PIRATES OF BLOOD RIVER. Wirklich sehr enttäuschend, weil die meisten Leute MYSTERIOUS ISLAND sehen wollten, ein gut gemachter Film mit einer großen Filmmusik wieder von Bernie Herrmann. Man war damals das Opfer eines bestimmten Verleihstils. Ich kann mir vorstellen, daß GWANGI, wäre er von einem cleveren Pressemann betreut worden, der Vertrauen in den Film gehabt hätte, durchaus ein Erfolg für Warner Bros. hätte werden können.

Szenenphoto aus MYSTERIOUS ISLAND. Dreharbeiten zu dem Film.

War es Deine Idee, Anfang der siebziger Jahre zu Sindbad zurückzukehren mit THE GOLDEN VOYAGE OF SINBAD?

Ja, wir suchten nach einem neuen Filmstoff, und ich schlug vor, es mit einer weiteren Sindbad-Geschichte zu probieren. Ich ging „1001 Nacht" noch einmal durch und schrieb ein 20seitiges Treatment, das ich Charles verkaufte. Wir verpflichteten einen Drehbuchautor, Brian Clemens, mit dem ich eng zusammenarbeitete – und so entwickelten wir das Drehbuch für THE GOLDEN VOYAGE. Wir versuchten es diesmal mit einem anderen Sindbad-Typ, jedesmal hatten wir in der Sindbad-Trilogie einen anderen Sindbad. Wir wollten nicht den Douglas-Fairbanks-Typ wiederholen: ein grinsendes Gesicht, zwei volle Zahnreihen, Schnurrbart. Seinerzeit war das in Ordnung, aber man kann es nicht dauernd wiederholen. Unser Sindbad war diesmal John Phillip Law. Dazu gedämpfte Farben, die realistischer wirkten, nicht so bunt wie THE 7TH VOYAGE OF SINBAD. Bunter wurde es erst wieder in SINBAD AND THE EYE OF THE TIGER.

Mitte der siebziger Jahre, als Du SINBAD AND THE EYE OF THE TIGER drehtest, warst Du wohl die einzige auch vom Publikum anerkannte Persönlichkeit aus dem Bereich Special Effects. Dein Name wurde auf den Plakaten genannt, in den Anzeigen, Programmheften. Eine Zeitlang gab es sogar ein Fanmagazin, das ausschließlich Deinem Werk gewidmet war. Kurzum: Du warst der einzige Special-Effects-Star. Als Du dann CLASH OF THE TITANS drehtest, gab es eine Woge brandneuer, superteurer Effektfilme: Special Effects waren plötzlich en vogue.

Modell aus
THE GOLDEN VOYAGE OF SINBAD.

Ja, es gab eine neue Welle, wie alles in Zyklen wiederkehrt. Effektfilme gab es schon zur Stummfilmzeit: Da war NOAH'S ARK, große Effekte in Cecil B. DeMilles THE KING OF KINGS und in METROPOLIS. In den dreißiger Jahren die Katastrophensequenz von DELUGE. In den fünfziger Jahren THE RAINS OF RANCHIPUR, gefolgt von anderen Desasterfilmen. Alles kehrt zyklisch wieder. Werden die Zuschauer eines Zyklus' überdrüssig, wenden sie sich einem anderen zu, etwa der Liebesgeschichte. Wir konnten, durch alle Zyklen hindurch, unsere Filme machen, weil wir sie stets zu so vernünftigen Preisen herstellten, daß sie nie ein großer Verlust hätten werden können.

Auch CLASH OF THE TITANS hast Du nach Deiner alten Regel gemacht: preiswerte Effekte. Dennoch wurde es diesmal ein teurer Film wegen der Darsteller, der Bauten und der Ausstattung. Dagegen wurden die Effekte für wenig Geld hergestellt – wohingegen die aufwendigen Effekte der neuen Superproduktionen Millionen verschlangen.

Wie man sieht, ist die Zeit dieser Supereffektfilme inzwischen vorbei. So manche dieser sündteuren Produktionen hat keinen Penny eingespielt. KRULL zum Beispiel, in den Columbia mehr investierte als in drei von unseren Filmen. Sie verloren viel Geld dabei. Erwähnenswert in diesem Zusammenhang ist auch DRAGONSLAYER. Angesichts dieser Produkte ließ das Interesse an Special Effects nach. Jetzt wollen die Leute etwas anderes.

Das Seeungeheuer aus CLASH OF THE TITANS im Film, Ray Harryhausen während der einbildweisen Aufnahme.

Gegenüberliegende Szene:
Modell des Ungeheuers aus CLASH OF THE TITANS.

Gibt es Projekte, bei denen Du bedauerst, daß Du sie nicht realisieren konntest?

Es gibt mehrere Projekte, die ich gern verwirklicht hätte. Einmal wollte ich die russische Sage von Ilja Muromez verfilmen – bis ich herausfand, daß man das in Rußland schon gemacht hatte. Ein enorm aufwendiges Projekt wäre „Dantes Inferno" geworden, wenn man es entsprechend aufbereitet hätte. Aber ich weiß nicht, wieviele Leute sich andere Leute angesehen hätten, die zur Hölle fahren. Manche mögen andere zur Hölle wünschen, aber ... Auch hätte es gewisse Nuditäten erfordert, weil man zur Hölle bekanntlich nicht mit seiner Kleidung fährt. Gustave Dorés „Dantes Inferno" hat mich immer sehr beeindruckt. Aber heute würde ich ein solches Projekt nicht mehr anpacken. Einmal wollte Hammer, daß ich ein Remake von KING KONG mache, aber sie konnten sich die Rechte nicht sichern.

Du lebst in London in einem Haus, in dem Michael Powell wohnte, als er THE RED SHOES drehte. Eine interessante Parallele zwischen Euch beiden: Du wolltest mal den MÜNCHHAUSEN auf die Leinwand bringen – und er auch.

Ja, Michael Powell wollte es genauso wie ich, beide völlig unabhängig voneinander. Beide ohne Erfolg. Jetzt bringt Terry Gilliam die Geschichte ins Kino.

Statue von Benvenuto Cellini „Perseus und Medusa". Entwurf des Medusenhauptes für CLASH OF THE TITANS.

Modellfigur des Münchhausen für das gleichnamige unrealisierte Projekt Harryhausens.

Gegenüberliegende Seite: Modell der Medusa aus dem Film.

Dynamation

Dynamation, Superdynamation oder Dynarama – so nannte Ray Harryhausen seine Stop-Motion-Kreationen [Puppentrick durch Einzelbildaufnahme], um ihre dreidimensionale Machart vom flachen Zeichentrick zu unterscheiden. Harryhausens Monstren sind Puppen, deren Skelett eine Armatur aus Kugel-, Scharnier- und Zapfen-Gelenken bildet.

Die Animation der Figur erfolgt einbildweise vor einem Rückprojektions-Schirm, auf den ein Spezialprojektor, ebenfalls einbildweise, eine vorher aufgenommene Realszene wirft.

Soll beispielsweise im fertigen Film ein Schauspieler gegen eine säbelschwingende Stop-Motion-Kreatur antreten, dann kämpft er bei der Aufnahme gegen – Luft. Seine Bewegungen müssen genauestens choreographiert werden. Soll in der Trickkombination die Trickfigur einen Schwerthieb des Schauspielers mit ihrem Schild abfangen, muß dieser seinen Hieb bei der Aufnahme urplötzlich in der Luft stoppen. Bei der Rückprojektion koordiniert der Modellanimator die Bewegungen des Schauspielers mit denen seiner Puppe.

Soll die Trickfigur – und das ist eine der wesentlichen Errungenschaften von Dynamation – voll in die Rückproszene integriert werden, zum Beispiel nicht nur vor, sondern *in* einem Häusermeer erscheinen, dann wird der untere Teil des Aufbaus mit einer schwarzen Maske abgedeckt, damit die Kamera nur den oberen Teil von Figur und Rückprojektion einfängt. Beim zweiten Aufnahmevorgang wird dann der untere Rückproteil, in diesem Fall Teile von Häusern, eingeblendet, so daß es so aussieht, als bewege sich die Figur inmitten der Häuser. Harryhausen entwickelte diese Split-Screen-Spielart für THE BEAST FROM 20,000 FATHOMS.

Szenenphoto aus JASON AND THE ARGONAUTS und Probe für diese Szene (gegenüberliegende Seite).

Harryhausen benutzte eine Spielart des Split-Screen-Verfahrens für THE BEAST FROM 20,000 FATHOMS.

Filmographie Ray Harryhausen

Kurzfilme (Auswahl)

PUPPETOONS
Produktion: George Pal
(im Verleih der Paramount).

SLEEPING BEAUTY
HOOLA BOOLA
JASPER AND THE WATERMELONS
NUTS AND BOLTS (Animation
zusammen mit Willis H. O'Brien)
TULIPS SHALL GROW
und andere

BRIDGE BUILDING,
HOW TO BRIDGE A GORGE
und andere Armee-Lehrfilme

1946   MOTHER GOOSE STORIES
MOTHER GOOSE PRESENTS
HUMPTY DUMPTY
MOTHER GOOSE PRESENTS
LITTLE MISS MUFFET
MOTHER GOOSE PRESENTS
OLD MOTHER HUBBARD
MOTHER GOOSE PRESENTS
THE QUEEN OF HEARTS
MOTHER GOOSE PRESENTS
THE STORY BOOK REVIEW

1949
STORY OF LITTLE RED RIDING HOOD

1951
THE STORY OF HANSEL AND GRETEL
THE STORY OF RAPUNZEL

1953
THE STORY OF KING MIDAS

Spielfilme

1946–49
MIGHTY JOE YOUNG
(Panik um King Kong)
ausgezeichnet mit einem Academy Award für Effekte

Präsentiert von John Ford und Merian C. Cooper. Produktion: Argosy/RKO Radio Pictures. Produzent: Merian C. Cooper. Regie: Ernest B. Schoedsack. Effekt-Entwurf und Gestaltung: Willis H. O'Brien. Mr. O'Briens Assistent/Stop-Motion-Animation: Ray Harryhausen. 2. Animator: Peter Peterson. Techniker: Harry Cunningham, Marcel Delgado, Victor Delgado, George Lofgren. Glasmaler: Fitch Fulton, Louis Lichtenfield, Jack Shaw. Trickphotographie: Harold Stine, Bert Willis. Optische Effekte: Linwood G. Dunn. Drehbuch: Ruth Rose. Chefkameramann: J. Roy Hunt. Musik: Roy Webb.
Darsteller: Terry Moore (Jill Young), Ben Johnson (Gregg Johnson), Robert Armstrong (Max O'Hara), Frank McHugh (Windy), Douglas Fowley (Jones), Dennis Green (Crawford), Paul Guilfoyle (Smith), Nestor Paiva (Brown), Regis Toomey (Mr. Young), Lora Lee Michael (Jill im Alter von 7 Jahren).

Eine junge Frau und ihr etwas zu groß geratener Gorilla werden von einem Showman nach Hollywood gebracht, wo der Gorilla, von Betrunkenen gereizt, den Club, in dem sie auftreten, in Trümmer schlägt und von der Polizei erschossen werden soll. Aber die Rettung von Kindern aus einem brennenden Waisenhaus rehabilitiert den Affen, der mit der Frau und ihrem Cowboy-Freund nach Afrika zurück darf.

1952–53
THE BEAST FROM 20,000 FATHOMS
(Panik in New York)

Produktion: Mutual Films of California im Verleih der Warner Bros. Produzenten: Hal E. Chester, Jack Dietz. Regie: Eugène Lourié. Technische Effekte/Stop-Motion-Animation: Ray Harryhausen. Große Rückprojektion: Paul Eagler. Drehbuch: Lou Morheim, Fred Freiberger unter Einbeziehung von Motiven der Story „The Beast from 20,000 Fathoms" von Ray Bradbury. Chefkameramann: Jack Russell. Musik: David Buttolph
Darsteller: Paul Christian = Paul Hubschmid (Tom Nesbitt), Paula Raymond (Lee Hunter), Cecil Kellaway (Professor Thurgood Elson), Kenneth Tobey (Colonel Evans), Ross Elliott (George Ritchie), Donald Woods (Captain Philip Jackson), Jack Pennick (Jacob Bowman), Lee Van Cleef (Corporal Stone), Steve Brodie (Sergeant Loomis), Frank Ferguson (Dr. Morton).

Ein von Atombombenversuchen in der Arktis geweckter „Rhedosaurus" verwüstet halb Manhattan und wird auf dem Gelände eines Vergnügungsparks mit radioaktiven Isotopen erledigt.

1954–55
IT CAME FROM BENEATH THE SEA

Produktion: Columbia Pictures. Produktionsüberwachung: Sam Katzman. Produzent: Charles H. Schneer. Regie: Robert Gordon. Technische Effekte/Stop-Motion-Animation: Ray Harryhausen. Drehbuch: George Worthing Yates, Hal Smith. Chefkameramann: Henry Freulich. Musikalische Leitung: Mischa Bakaleinikoff.

Darsteller: Kenneth Tobey (Pete Mathews), Faith Domergue (Lesley Joyce), Donald Curtis (John Carter), Ian Keith (Admiral Burns), Harry Lauter (Bill Nash), Captain R. Peterson (Captain Stacy), Dean Maddox jr. (Adam Norman), Del Courtney (Robert Chase), Ray Storey (Reporter), Jules Irving (King).

Ein radioaktiv zu gigantischer Größe angeschwollener Oktopus greift San Francisco an, reißt die Golden Gate Bridge nieder und wird von einem beherzten U-Boot-Kommandanten bezwungen.

1955–56
EARTH VS. THE FLYING SAUCERS
(Fliegende Untertassen greifen an)

Produktion: Columbia Pictures. Produktionsüberwachung: Sam Katzman. Produzent: Charles H. Schneer. Regie: Fred F. Sears. Technische Effekte/Stop-Motion-Animation: Ray Harryhausen. Story: Curt Siodmak. Drehbuch: George Worthing Yates, Raymond T. Marcus. Chefkameramann: Fred Jackman jr. Musikalische Leitung: Mischa Bakaleinikoff.

Darsteller: Hugh Marlowe (Dr. Russell A. Marvin), Joan Taylor (Carol Marvin), Donald Curtis (Major Hughlin), Morris Ankrum (General Hanley), John Zaremba (Professor Kanter), Tom Browne Henry (Admiral Enright), Grandon Rhodes (General Edmunds), Harry Lauter (Cutting), Frank Wilcox (Alfred (Cassidy), Alan Reynolds (Major Kimberly).

Ein Wissenschaftler stoppt mit Hilfe einer eilends erfundenen Superwaffe den Großangriff Fliegender Untertassen über Washington.

1955
THE ANIMAL WORLD
(Die Tierwelt ruft)

Produktion: Windsor Productions/Warner Bros. Produzent, Regie und Drehbuch: Irwin Allen. Effekt-Entwurf und Einrichtung: Willis H. O'Brien. Stop-Motion-Animation: Ray Harryhausen. Chefkameramann: Harold Wellman. Musik: Paul Sawtell. Sprecher: Theodore von Eltz, John Storm. Technicolor.

Entwicklungsstufen des tierischen Lebens. Im Prolog dieses populärwissenschaftlichen Films: Dinosaurier.

1956–57
20 MILLION MILES TO EARTH
(Die Bestie aus dem Weltenraum)

Produktion: Morningside Productions/Columbia Pictures. Produzent: Charles H. Schneer. Regie: Nathan Juran. Technische Effekte/Stop-Motion-Animation/Idee: Ray Harryhausen. Überwachung des Rückpro-Materials: Larry Butler. Treatment: Charlotte Knight. Drehbuch: Bob Williams, Christopher Knopf. Chefkameramänner: Irving Lippmann, Carlos Ventimiglia. Musikalische Leitung: Mischa Bakaleinikoff.

Darsteller: William Hopper (Captain Calder), Joan Taylor (Marisa), Frank Puglia (Dr. Leonardo), John Zaremba (Dr. Judson Uhl), Tom Browne Henry (General McIntosh), Tito Vuolo (Kommissar), Jan Arvan (Signore Contino), Arthur Space (Dr. Sharman), Bart Bradley (Pepe), George Pelling (Mr. Marples), Don Orlando (Mondello).

Ein Wesen von der Venus wächst auf der Erde auf ein Vielfaches seiner normalen Größe und verwüstet Rom, bis es auf dem Kolosseum abgeschossen wird.

**1957–58
THE 7TH VOYAGE OF SINBAD
(Sindbads 7. Reise)**

Produktion: Morningside Productions/Columbia Pictures. Produzent: Charles H. Schneer. Regie: Nathan Juran. Visuelle Effekte/Stop-Motion-Animation/Idee: Ray Harryhausen. Technische Mitarbeit: George Lofgren. Kamera-Effekte: Larry Butler. Fechttechnische Beratung: Enzo Musumeci-Greco. Drehbuch: Kenneth Kolb. Chefkameramann: Wilkie Cooper. Musik: Bernard Herrmann. Darsteller: Kerwin Mathews (Sindbad), Kathryn Grant (Prinzessin Parisa), Torin Thatcher (Sokurah), Richard Eyer (Barani der Lampengeist), Alec Mango (Kalif von Bagdad), Harold Kasket (Sultan), Danny Green (Karim), Alfred Brown (Harufa), Nana de Herrera (Sadi), Virgilio Teixeira (Ali). Technicolor.

Auf der Insel Colossa kämpft Sindbad gegen Zyklopen, einen feuerspeienden Drachen, ein fechtendes Skelett und die Tücke eines Zauberers – um seine in einen Däumling verzauberte Braut mit Hilfe der wundertätigen Eierschale des Vogels Roch zu erlösen.

**1959–60
THE 3 WORLDS OF GULLIVER
(Herr der drei Welten)**

Produktion: Morningside Productions/Columbia Pictures. Produzent: Charles H. Schneer. Regie: Jack Sher. Visuelle Effekte: Ray Harryhausen. Sodium-Matte-Verfahren: Victor L. Margutti. Drehbuch: Arthur Ross, Jack Sher nach dem Roman „Gulliver's Travels" von Jonathan Swift. Chefkameramann: Wilkie Cooper. Musik: Bernard Herrmann. Darsteller: Kerwin Mathews (Dr. Lemuel Gulliver), June Thorburn (Elizabeth), Jo Morrow (Gwendolyn), Lee Patterson (Reldresal), Basil Sydney (Kaiser von Lilliput), Gregoire Aslan (König Brobdingnag), Sherri Alberoni (Glumdalclitch), Charles Lloyd Pack (Makovan), Martin Benson (Flimnap), Peter Bull (Lord Bermogg). Eastmancolor.

Gullivers Reisen ins Land der Zwerge und ins Land der Riesen.

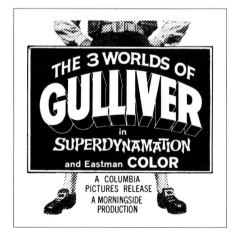

1960-61
MYSTERIOUS ISLAND
(Die geheimnisvolle Insel)

Produktion: Ameran/Columbia Pictures. Produzent: Charles H. Schneer. Regie: Cyril Endfield. Visuelle Effekte/Stop-Motion-Animation: Ray Harryhausen. Drehbuch: John Prebble, Daniel Ullman, Crane Wilbur nach dem Roman „L' Ile Mysterieux" von Jules Verne. Chefkameramann: Wilkie Cooper. Unterwasseraufnahmen: Egil S. Woxholt. Musik: Bernard Herrmann.
Darsteller: Michael Craig (Captain Cyrus Harding), Joan Greenwood (Lady Mary Fairchild), Michael Callan (Herbert Brown), Gary Merrill (Gideon Spilett), Herbert Lom (Kapitän Nemo), Beth Rogan (Elena), Percy Herbert (Sergeant Pencroft), Dan Jackson (Neb). Eastmancolor.

Während des amerikanischen Bürgerkriegs fliehen einige Gefangene mit einem Fesselballon aus einem Gefängnis der Südstaaten. Der Ballon treibt aufs offene Meer hinaus, und die Flüchtlinge stranden auf einer Insel, auf der sie ins Gigantische verzerrtes animalisches Leben, die „Nautilus" und Kapitän Nemo finden.

1961-63
JASON AND THE ARGONAUTS
(Jason und die Argonauten)

Produktion: Morningside/Columbia Pictures. Produzent: Charles H. Schneer. Regie: Don Chaffey. Visuelle Effekte/Stop-Motion-Animation/Co-Produzent: Ray Harryhausen. Drehbuch: Jan Read, Beverley Cross. Chefkameramann: Wilkie Cooper. Musik: Bernard Herrmann.
Darsteller: Todd Armstrong (Jason), Nancy Kovack (Medea), Gary Raymond (Acastus), Laurence Naismith (Argus), Niall MacGinnis (Zeus), Michael Gwynne (Hermes), Douglas Wilmer (Pelias), Jack Gwillim (König Aiétes), Honor Blackman (Hera), Nigel Green (Hercules). Technicolor.

Jason und die Argonauten, auf der Suche nach dem Goldenen Vlies, bezwingen den Bronzeriesen Talos, die Harpyien, die siebenköpfige Hydra und die sieben Skelette, die aus den Zähnen der Hydra erwachsen.

1963–64
FIRST MEN IN THE MOON
(Die erste Fahrt zum Mond)

Produktion: Ameran/Columbia Pictures. Produzent: Charles H. Schneer. Regie: Nathan Juran. Visuelle Effekte/Stop-Motion-Animation: Ray Harryhausen. Effektmaler: Les Bowie. Drehbuch: Nigel Kneale, Jan Read nach dem Roman „The First Men in the Moon" von H. G. Wells. Chefkameramann: Wilkie Cooper. Musik: Laurie Johnson.

Darsteller: Edward Judd (Arnold Bedford), Martha Hyer (Kate Callender), Lionel Jeffries (Professor Cavor), Miles Malleson (Registrator), Erik Chitty (Gibbs), Betty McDowall (Maggie), Gladys Henson (Oberschwester), Hugh McDermott (Challis), Marne Maitland (Dr. Tok), Peter Finch. Panavision, Technicolor.

Viktorianische Eroberung des Mondes und phantastische Abenteuer mit Seleniten.

1965–66
ONE MILLION YEARS B. C.
(Eine Million Jahre vor unserer Zeit)

Produktion: Hammer Films in Verbindung mit Seven Arts. Produzent: Michael Carreras. Regie: Don Chaffey. Visuelle Effekte/Stop-Motion-Animation: Ray Harryhausen. Trickfiguren: Arthur Hayward. Prolog: Les Bowie. Drehbuch: Michael Carreras nach einem Original-Drehbuch von Mickell Novak, George Baker, Joseph Frickert. Chefkameramann: Wilkie Cooper. Musik: Mario Nascimbene.

Darsteller: Raquel Welch (Loana), John Richardson (Tumak), Percy Herbert (Sakana), Robert Brown (Akhoba), Martine Beswick (Nupondi), Jean Wladon (Ahot), Lisa Thomas (Sura), Malya Nappi (Tohana), William Lyon Brown (Payto), Yvonne Horner (Ullah). Technicolor.

Der von seinem eigenen Stamm ausgestoßene Frühmensch Tumak wird vom Muschelstamm aufgenommen, verliebt sich in die schöne Loana und kämpft gegen allerlei prähistorisches Getier.

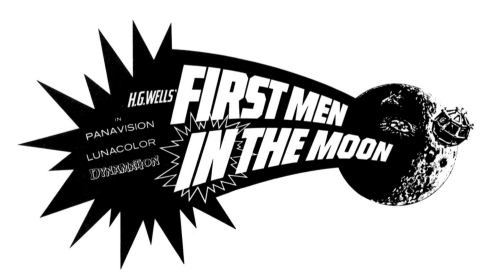

1967–69
THE VALLEY OF GWANGI
(Gwangis Rache)

Produktion: Morningside Productions (im Verleih der Warner Bros.-Seven Arts). Produzent: Charles H. Schneer. Regie: James O'Connolly. Visuelle Effekte/Stop-Motion-Animation/ Co-Produzent: Ray Harryhausen. Drehbuch: William E. Bast nach einer Original-Idee von Willis H. O'Brien. Chefkameramann: Erwin Hillier. Musik: Jerome Moross.
Darsteller: James Franciscus (Tuck Kirby), Gila Golan (T. J. Breckenridge), Richard Carlson (Champ Connors), Laurence Naismith (Professor Horace Bromley), Freda Jackson (Tia Zorina), Gustavo Rojo (Carlos), Dennis Kilbane (Rowdy), Mario de Barros (Bean), Curtis Arden (Lope). Technicolor.

In einem Verbotenen Tal fangen Cowboys mit Lassos einen Tyrannosaurus und bringen die Bestie in die nächste Stadt, wo sie aus ihrem Käfig entkommt.

1972–73
THE GOLDEN VOYAGE OF SINBAD
(Sindbads gefährliche Abenteuer)

Produktion: Morningside Productions/ Columbia Pictures. Produzenten: Charles H. Schneer, Ray Harryhausen. Regie: Gordon Hessler. Visuelle Effekte/Stop-Motion-Animation/Idee: Ray Harryhausen. Drehbuch: Brian Clemens. Chefkameramann: Ted Moore. Musik: Miklos Rozsa.
Darsteller: John Phillip Law (Sindbad), Caroline Munro (Margiana), Tom Baker (Koura), Douglas Wilmer (Wesir), Martin Shaw (Rachid), Gregoire Aslan (Hakim), Kurt Christian (Haroun), Takis Emmanuel (Achmed), John D. Garfield (Abdul), Aldo Sambrell (Omar). Eastmancolor.

Auf der Suche nach einem Zauberbrunnen am Ende der Welt wird Sindbad von einem Zauberer verfolgt, kämpft gegen die vielarmig säbelschwingende Kali und einen einäugigen Zentauren.

1975–77
SINBAD AND THE EYE OF THE TIGER
(Sindbad und das Auge des Tigers)

Produktion: Andor Films/Columbia Pictures. Produzenten: Charles H. Schneer, Ray Harryhausen. Regie: Sam Wanamaker. Visuelle Effekte/Stop-Motion-Animation/Idee: Ray Harryhausen. Drehbuch: Beverley Cross. Chefkameramann: Ted Moore. Musik: Roy Budd. Darsteller: Patrick Wayne (Sindbad), Taryn Power (Dione), Jane Seymour (Prinzessin Farrah), Margaret Whiting (Zenobia), Patrick Troughton (Melanthius), Kurt Christian (Rafi), Nadim Sawalha (Hassan), Damien Thomas (Prinz Kassim), Bruno Barnabe (Balsora), Bernard Kay (Zabid). Metrocolor.

Sindbads Reise nach Hyperborea, ein sagenhaftes Land im hohen Norden, wo er einen Schrein zu finden hofft, der den Fluch von einem Prinzen nehmen soll, den eine böse Zauberin in einen Pavian verwandelt hat.

1979–81
CLASH OF THE TITANS
(Kampf der Titanen)

Produktion: Peerford Films/Metro-Goldwyn-Mayer. Prouzenten: Charles H. Schneer, Ray Harryhausen. Regie: Desmond Davis. Visuelle Effekte/Stop-Motion-Animation: Ray Harryhausen. Zusätzliche Animation: Jim Danforth, Steven Archer. Optische Effekte: Frank Van der Veer, Roy Field, Dennis Bartlett. Drehbuch: Beverley Cross. Chefkameramann: Ted Moore. Unterwasser/Luftaufnahmen: Egil S. Woxholt. Musik: Laurence Rosenthal. Darsteller: Harry Hamlin (Perseus), Judi Bowker (Andromeda), Burgess Meredith (Ammon), Laurence Olivier (Zeus), Claire Bloom (Hera), Maggie Smith (Thetis), Ursula Andress (Aphrodite), Jack Gwillim (Poseidon), Flora Robson, Freda Jackson, Anna Manahan (Stygische Hexen). Metrocolor.

Perseus erschlägt Medusa, deren Haupt ein gräßliches Seeungeheuer in Stein verwandelt, dem die schöne Andromeda geopfert werden soll.

1985
SPIES LIKE US
(Spione wie wir)

Produktion: Warner Bros. Produzenten: Brian Gazer, George Folsey jr. Regie: John Landis. Drehbuch: Dan Aykroyd, Lowell Ganz, Babaloo Mandel. Chefkameramann: Robert Paynter. Musik: Elmer Bernstein.
Darsteller: Chevy Chase (Emmett Fitz-Hume), Dan Aykroyd (Austin Millbarge), Steve Forrest (General Sline), Donna Dixon (Karen Boyer), Bruce Davison (Ruby), Bernie Casey, William Prince, Tom Hatten, Terry Gilliam, Ray Harryhausen. Technicolor.

Ray Harryhausen hat in diesem Film von John Landis einen kurzen Gastauftritt als „Doktor".

John Landis (r.) und Ray Harryhausen während der Dreharbeiten zu SPIES LIKE US